LES

DRAGOUILLES

LES ROUGES DE **NEW DELHI**

MAXIM CYR & KARINE GOTTOT

LES DRAGOUILLES

LES ROUGES DE NEW DELHI

ÉDITIONS
MICHEL
QUINTIN

Mot des auteurs

Youhou ! Nous sommes ici !
Bienvenue dans la ville de New Delhi, la capitale de l'Inde, le deuxième pays le plus peuplé de la planète : il compte plus de 1,2 milliard d'habitants.

Il vaut donc mieux ne pas se perdre de vue, car tenter de se retrouver dans cette marée humaine est comme de chercher du foin dans une botte d'aiguilles. *Euh... ou chercher du foin dans un talon aiguille ? Enfin...*

Si jamais vous vous perdez pendant ce tour de ville littéraire, arrêtez-vous et criez très fort : «DRAGOUILLE !» Ça ne changera absolument rien, mais vous vous sentirez moins seuls. Évidemment, il est possible que vos parents restent un peu surpris de vous entendre crier alors que vous étiez en train de lire calmement dans un coin. Mais vous le savez, c'est le genre de chose qui peut arriver à un lecteur des *Dragouilles*.

Vous êtes prêts ?
Inde, deux, trois, c'est parti !

- *Max* et *Karine* -

AMÉRIQUES

On trouve des dragouilles partout dans le monde !
La couleur de leurs ailes et de leurs cornes change selon le continent où elles vivent.

EUROPE

ASIE

AFRIQUE

OCÉANIE

VOICI LES DRAGOUILLES QUE TU VAS RENCONTRER :

LES JUMEAUX

Les jumeaux se croient les pros des jeux de mots. Pourtant, ils sont souvent les seuls à se trouver rigolos !

L'ARTISTE

C'est la plus créative de la bande. Elle dessine partout, même sur sa voisine !

LA BRANCHÉE

Voici la dragouille ultra-tendance. Tellement branchée qu'elle électrise tout sur son passage.

LA GEEK

Cette dragouille a hérité d'un petit extra de neurones entre les deux oreilles. À elle seule, elle fait remonter la moyenne du groupe !

LE CUISTOT

Cette dragouille à toque sait cuisiner bien plus que des mets épicés ! Pâté d'anchois à la sauce poubelle, ça te dit ?

LA REBELLE

La rebelle est la dragouille casse-cou et casse-tout. Elle ne craint rien ni personne. C'est une sacrée friponne !

LES rouges

Chez les dragouilles rouges de New Delhi, des odeurs d'épices et d'encens flottent dans l'air. Cela nous change des effluves de poubelles qui accompagnent habituellement ces chères petites patates volantes.

Tu peux donc les suivre sur les toits de New Delhi sans avoir à te pincer le nez !

C'est insensé, cet encens.

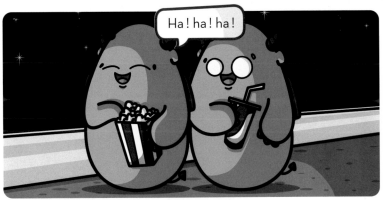

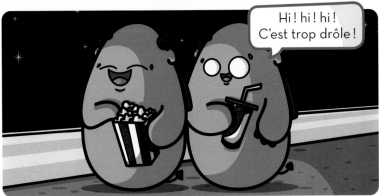

BONJOUR !

Quel mot prononce-t-on en Inde en joignant les mains devant soi pour saluer ou dire au revoir ?

1. Tassdeté

2. Namasté

3. Faitcholété

DÉLIRE COLLECTIF

SI TU TE PROMÈNES DANS LES RUES DE NEW DELHI AU PRINTEMPS, TA JOURNÉE POURRAIT ÊTRE PLUS COLORÉE QUE TU NE LE PRÉVOYAIS!

Chaque année, pour dire au revoir à l'hiver et bienvenue au printemps, l'Inde se prête à une pratique pour le moins délirante qui tirerait son origine d'une légende où s'entremêlent des dieux et des hommes.

Cette fête appelée *Holî* donne lieu à un véritable festival des couleurs pendant lequel tout le monde perd son sérieux. Tu en veux la preuve? Eh bien, imagine une foule de gens qui s'aspergent d'eau colorée.

Les marchés vendent du *gulal*, une poudre teintée de différentes couleurs toutes plus flamboyantes les unes que les autres. Du **vert** pour l'harmonie, du rouge pour l'énergie et l'amour et de l'orangé pour l'optimisme. Les gens achètent cette poudre, la mélangent à de l'eau et en remplissent des ballons de caoutchouc. Munitions à la main, ils défilent dans les rues et se lancent leurs projectiles. Personne n'y échappe! Pas même les animaux!

Se promener en tentant de ne pas se faire éclabousser est un véritable parcours du guerrier! D'autant plus qu'une certaine espèce de petits dragons cornus vivant sur les toits adore cette tradition. De là-haut, ils sont drôlement bien placés pour viser.

IMPOSTEUR, LE RONGEUR?

LES JUMEAUX SE DEMANDENT POURQUOI, DANS CERTAINS PAYS, LES HUMAINS DONNENT AU COBAYE LE NOM DE COCHON D'INDE.

C'est une très bonne question, car cet animal n'a rien d'un cochon et il n'est même pas originaire de l'Inde.

Ce n'est pas ce sympathique petit rongeur qu'il faut blâmer pour la confusion, mais bien Christophe Colomb. Lorsque ce grand explorateur a découvert l'Amérique en 1492, il pensait être arrivé en Inde. C'est pour cette raison que le cobaye porte maintenant le nom de ce pays.

Hum... mais ça ne règle pas l'histoire du cochon! Même en scrutant à la loupe le cochon d'Inde, on ne lui trouve aucune ressemblance avec le cochon. Pas de queue en tire-bouchon ni de groin aplati. Eh bien, c'est avec nos oreilles que l'on peut résoudre le mystère, car le cobaye émet un cri qui ressemble à celui du cochon.

Veux-tu être mon cobaye?

L'intrus

Trouve l'intrus parmi les quatre dessins suivants.

RÉPONSE :
LE PIGEON PARCE QU'IL NE CONTIENT PAS
LE SON « IND » : DINDE, INDEX ET INDUSTRIE.

L'artiste

Tu sauras tout sur le henné aux pages 30 et 31.

MANDALA

Dit-on de toi que tu bouges comme une vraie girouette ? Lorsque l'heure des devoirs approche, te mets-tu à suer des genoux tellement cela t'angoisse ? Si oui, les mandalas sont là pour toi.

En sanskrit, le mot *mandala* signifie « cercle » et plus précisément « cercle sacré » ou « cercle magique ». Le mandala est un dessin contenu le plus souvent dans un cercle et construit de façon symétrique. Ce dessin peut être créé à partir de différentes formes géométriques ou inclure des représentations de fleurs, d'animaux, etc. Chaque mandala est organisé autour d'un point central qui représente symboliquement le centre de l'univers.

En Inde, les mandalas font partie de la tradition bouddhiste depuis des millénaires, mais ils sont aussi présents dans d'autres cultures du monde.

Les mandalas ont traversé les âges et les cultures et sont maintenant largement répandus sous forme d'images à colorier. Cette activité est propice à la détente. Le fait de colorier un mandala aiderait à développer la concentration. La bonne nouvelle, c'est qu'il n'y a aucune technique à maîtriser. Il suffit de se laisser aller.

Rends-toi dans la section Bric-à-brac du site Web des dragouilles pour télécharger et imprimer un mandala dragouille.

Sait-on jamais, cela t'aidera peut-être à apaiser ton trop-plein d'énergie.

Mehndi Delhi

LE MEHNDI EST UNE FORME DE TATOUAGE TEMPORAIRE.

On le trace sur la peau avec du henné, une poudre qu'on obtient en broyant les feuilles séchées d'un petit arbre du même nom.

Avec cette poudre, on fait une pâte en y ajoutant de l'eau et du jus de citron pour faire ressortir le pigment. On utilise aussi parfois du thé ou du café pour rendre la teinte plus foncée.

Une fois la pâte prête, on s'en sert pour dessiner des lignes très fines sur la peau des mains et des pieds. On laisse la pâte agir quelques heures avant de l'enlever. Le tatouage au henné restera sur la peau quelques jours. En Inde, les motifs sont souvent inspirés par la nature.

Ces tatouages sont traditionnelle-ment appliqués pour les cérémonies de mariage, mais aujourd'hui, ils enjo-livent aussi le quotidien.

FAIS-TOI UNE « MEHNDI MAIN » !

Il te faut :

- Une feuille blanche
- Un crayon-feutre à pointe fine

1 Pose ta main à plat sur la feuille de papier et traces-en le contour avec le crayon.

2 Dessine maintenant de jolis motifs à l'intérieur du tracé de ta main.

En voici quelques-uns qui pourront t'inspirer :

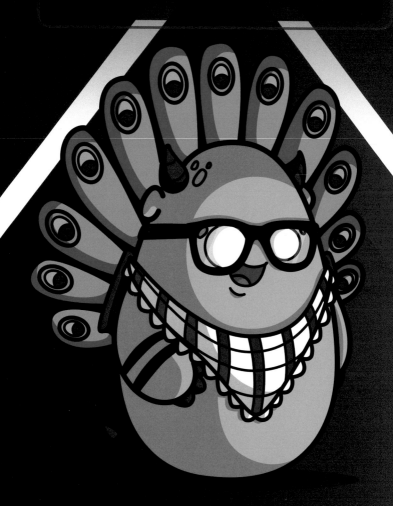

La branchée

YOGA

Le yoga est une technique d'origine indienne qui permet de développer l'harmonie entre le corps et l'esprit. Il consiste à effectuer différentes asanas (postures) combinées à des exercices de respiration et de méditation. En Inde, on le pratique depuis des millénaires.

Voici une leçon de yoga, version dragouille !

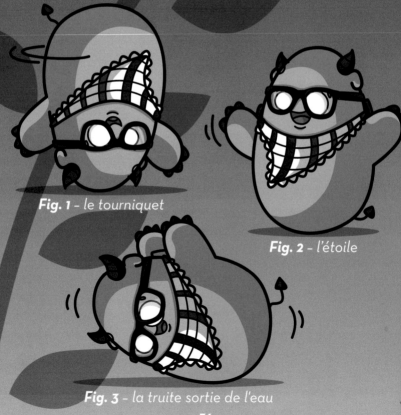

Fig. 1 - *le tourniquet*

Fig. 2 - *l'étoile*

Fig. 3 - *la truite sortie de l'eau*

Fig. 4 - le superhéros

Fig. 5 - la sortie du lit

Ma préférée!

Fig. 6 - la patate

Fig. 7 - la dinde qui essaie de voler

J'en ai ras le bol !

PETIT COIN VA LOIN

VIENS FAIRE UN TOUR AU MUSÉE DES TOILETTES DE NEW DELHI ET TU NE VERRAS PLUS JAMAIS TES PASSAGES AU PETIT COIN DE LA MÊME FAÇON !

Le musée de Sulabh International présente une étonnante collection de toilettes qui proviennent du monde entier. Tu crois qu'il s'agit d'un musée loufoque ? Détrompe-toi, il est tout ce qu'il y a de plus sérieux. Son but est de sensibiliser la population à l'hygiène.

Ce musée retrace l'histoire des installations sanitaires dans le monde par l'entremise d'archives, de témoignages, d'explications diverses et de modèles de toilettes. On peut même y voir une reproduction des lieux d'aisances de Louis XIV ainsi que celui de plusieurs autres hommes célèbres.

EN PARCOURANT LE MUSÉE ON APPREND QUE...

Les Indiens ont été les premiers à créer des installations sanitaires, il y a de cela 4 500 ans. Depuis, la situation s'est gravement détériorée. Aujourd'hui, dans les villes indiennes, des toilettes sont à la disposition d'environ un tiers de la population. C'est très peu pour un pays de plus d'un milliard d'habitants. Bon nombre de gens sont donc contraints de se soulager en plein air. Cette pratique entraîne des risques importants pour la santé publique parce que cela rend la population vulnérable aux épidémies.

Ce musée fait prendre conscience que l'hygiène constitue un chapitre important de l'histoire de l'humanité.

Tout comme toi, plus de 7 milliards de personnes sur la planète font leurs besoins quotidiennement. Il est donc primordial de mettre en place des systèmes efficaces pour éliminer tous ces déchets organiques, si on ne veut pas vivre dans un gigantesque bol de toilette à ciel ouvert, pas vrai ?

**Un petit pas vers le petit coin,
un grand pas pour l'humanité !**

BOLLYWOOD

EN INDE, ON ADORE LE CINÉMA. C'EST LE PAYS QUI PRODUIT LE PLUS DE FILMS DANS LE MONDE. CHAQUE ANNÉE, PLUS DE MILLE FILMS Y SONT TOURNÉS.

Le mot « Bollywood » vient de la combinaison de « Bombay », ancien nom de la ville de Mumbai, et de « Hollywood », nom du quartier de Los Angeles où sont situés les grands studios américains. L'appellation représente un genre de films réalisés en hindi et en ourdou, deux langues parlées en Inde.

Tu te demandes ce que les films « bollywoodiens » ont de particulier ? Eh bien, le scénario de base est presque toujours le même, soit une histoire d'amour impossible. La musique, la danse et le chant y sont omniprésents. Si tu assistes à la projection d'un film bollywoodien, assure-toi d'être confortablement assis, car le long-métrage pourrait durer entre 3 h 30 et 4 h.

Aller au cinéma en Inde est une expérience unique. Les spectateurs applaudissent, rient et crient. Le spectacle est tout autant dans la salle que sur l'écran.

Jai ho !

Le *bindi* est une marque que les Indiens et surtout les Indiennes portent sur le front. Il peut être de différentes formes, comme la goutte ou le point. Le *bindi* est censé porter bonheur. Il doit être centré entre les deux yeux parce que, dans la religion hindoue, c'est à cet endroit que se trouve le troisième œil ; celui de la conscience.

Les contes des Mille et une nuits ont été inspirés en grande partie par des histoires d'origine indienne.

Devinettes

1) QUELLE SORTE DE LAIT PRODUIT UNE VACHE QUI RÉFLÉCHIT ?

2) QUEL EST LE COMBLE DU MALHEUR POUR UN FAKIR ?

3) POURQUOI L'ÉLÉPHANT NE VOIT-IL PAS BIEN ?

4) COMMENT FAIT-ON POUR PRENDRE LA TEMPÉRATURE D'UN TIGRE ?

5) QUEL EST LE COMBLE DU MALHEUR POUR UN PIMENT ROUGE ?

6) QUEL EST LE COMBLE DU MALHEUR POUR UNE DRAGOUILLE ?

7) QUE SE DISENT DEUX SERPENTS LORSQU'ILS SE RENCONTRENT ?

8) QUELLE DIFFÉRENCE Y A-T-IL ENTRE UN ÉLÉPHANT D'ASIE ET UN ÉLÉPHANT D'AFRIQUE ?

1) DU LAIT CONCENTRÉ 2) ÊTRE CLOUÉ AU LIT 3) C'EST PARCE QU'IL A DES DÉFENSES D'IVOIRE (DÉFENSE D'Y VOIR) 4) AVEC PRÉCAUTION 5) MANQUER DE PIQUANT 6) EN AVOIR GROS SUR LA PATATE 7) QUELLE HEURE REP-T-IL ? (REPTILE) 8) DES CENTAINES DE KM

VIVE LE SOLEIL

Il s'agit d'un véhicule tricycle servant au transport de personnes ou de marchandises. Il peut être à moteur ou à pédales.

Ce mode de transport est très populaire en Inde. Plus de 8 millions de rickshaws sillonnent les rues du pays. Un nouvel engin le remplacera peut-être un jour, car l'Institut de recherche central de la construction mécanique de l'Inde a mis au point le *soleckshaw*. Ce véhicule a l'avantage d'être plus respectueux de l'environnement que le rickshaw motorisé, car il fonctionne à l'énergie solaire.

Tu es certaine que tu sais conduire « shaw » ?

TAJ MAHAL

QUE SERAIS-TU PRÊT À FAIRE PAR AMOUR ?

Partager ton goûter ? Prêter ta console de jeux vidéo ? Sans vouloir te vexer, il en faudra bien plus pour être aussi romantique que l'empereur moghol Shah Jahan.

Ce grand empereur a fait construire un somptueux palais qu'il a nommé le Taj Mahal en mémoire de sa deuxième épouse, Mumtaz Mahal, décédée en mettant au monde son quatorzième enfant.

Le palais est situé à un peu plus de 200 km de New Delhi, dans la ville d'Agra. En fait, le Taj Mahal est davantage un tombeau qu'un palais, car il a été érigé pour abriter la dépouille de la bien-aimée de l'empereur Shah Jahan.

La construction du Taj Mahal a duré 16 ans. Fait entièrement de marbre blanc, l'édifice prend une teinte différente selon le moment de la journée. Au clair de lune il scintille, à l'aube il se teinte de rosé et le soir il reflète les couleurs du soleil couchant. Et ce n'est pas tout ! Des pierres précieuses ont été incrustées dans le marbre.

De forme octogonale, le Taj Mahal est coiffé d'un immense dôme en forme de bulbe et entouré de quatre minarets (tours) identiques. La symétrie de cette somptueuse construction et des jardins qui l'avoisinent est stupéfiante. Le reflet de ce mausolée dans les bassins accentue sa perfection.

Pas étonnant que le Taj Mahal soit l'un des chefs-d'œuvre architecturaux les plus admirés au monde. Pour protéger ce joyau contre la pollution, il est interdit de s'en approcher avec des véhicules motorisés. Pour t'y rendre, tu devras donc prendre un autobus électrique ou une calèche.

pauvre empereur!

Aurangzeb, fils de l'empereur Shah Jahan, a dérobé le trône de son père et fait emprisonner ce dernier dans l'une des tours du fort d'Agra, situé de l'autre côté de la rivière Yamuna. Comble de malheur, de sa prison, l'empereur avait une vue imprenable sur le Taj Mahal. Il a donc passé les dernières années de sa vie à regarder le tombeau de sa bien-aimée, sans pouvoir terminer le chantier. Comme c'est triste !

En revanche, après son décès, il a enfin pu retrouver son épouse tant aimée puisqu'il a été enterré dans le Taj Mahal, à ses côtés.

Reposez en paix, les amoureux !

Belle vue !

Vachement extrême

Kranthi Kiran Vistakula, un jeune inventeur indien, a mis au point une veste qui réchauffe ou rafraîchit celui qui la porte. Elle permet de résister aux conditions climatiques les plus extrêmes.

Cette veste fonctionne avec des piles rechargeables qui durent huit heures. Elle est très légère puisqu'elle ne pèse pas plus d'un kilo. L'armée indienne a utilisé cette fantastique invention lors d'une mission dans le glacier de Siachen au Cachemire.

Vistakula envisage maintenant de concevoir un modèle spécial de veste pour améliorer la vie des vaches. Pendant les grandes chaleurs estivales, les vaches seraient alors confortables en tout temps, ce qui favoriserait la production de lait.

De quoi se garder la patate fraîche!

N'est-ce pas « meuhhhrveilleux »!

charade

MON PREMIER EST UN OUTIL TRANCHANT
MON SECOND SE TROUVE AU CENTRE DU VISAGE
MON TROISIÈME SERT À TENIR LES VOILES SUR UN BATEAU

MON TOUT EST TRÈS POPULAIRE EN INDE

RÉPONSE : SCIE-NEZ-MÂT (CINÉMA)

SURVOL

Une dragouille vient de survoler cette étrange forme.

DEVINE DE QUEL MAGNIFIQUE TEMPLE IL S'AGIT.

Le défi de la geek

Peux-tu donner la frousse à des grains de poivre moulus ?

Pour relever le défi, il te faut :

— un bol

— du poivre moulu

— une goutte de savon à vaisselle liquide

— de l'eau.

COMMENT FAIRE ?

1. Remplis le bol d'eau.

2. Saupoudre du poivre sur la surface jusqu'à la recouvrir complètement.

3. Trempe ton doigt au centre du bol.

QUE SE PASSE-T-IL ?

Rien du tout. Il en faut quand même un peu plus pour donner la frousse à des grains de poivre moulus !

4. Mets une goutte de savon à vaisselle sur le bout de ton doigt.

5. Trempe-le de nouveau au centre du bol.

TA LA LAM ! LE POIVRE SE SAUVE VERS LES PAROIS DU BOL !

À la surface, les molécules d'eau se tiennent très serrées les unes contre les autres. Elles forment une sorte de membrane. En ajoutant le liquide à vaisselle, les molécules de savon créent leur propre membrane, ce qui a pour effet de pousser les grains de poivre moulus du centre du bol vers

Le cuistot

AU FEU !

LE BHUT JOLOKIA EST UN PIMENT ORIGINAIRE DE L'INDE.

En 2006, il est entré dans le *Livre Guinness des records* comme étant le piment le plus fort du monde. Même si depuis il a été détrôné par un piment anglais, il n'en demeure pas moins qu'il est extrêmement fort.

La sensation de brûlure que l'on ressent après avoir mangé du piment provient d'une molécule appelée la capsaïcine. Lorsque celle-ci entre en contact avec les cellules qui recouvrent les muqueuses de la bouche, un signal de brûlure est envoyé au cerveau.

LA FORCE DES PIMENTS EST MESURÉE SELON L'ÉCHELLE DE SCOVILLE.

Elle indique la teneur en capsaïcine des piments. Ceci permet de les classer du plus doux au plus fort. Les piments qui atteignent le degré 10 de cette échelle (100 000 unités Scoville et plus) sont considérés comme « explosifs ». Eh bien, crois-le ou non, le *bhut jolokia* dépasse le million d'unités!

Pas la peine d'appeler les pompiers!

Tu as la bouche qui brûle après avoir mangé du piment? Inutile de te jeter sur ton verre d'eau, car la capsaïcine est liposoluble. Cela veut dire qu'elle se dilue seulement dans les graisses. La bonne chose à faire est donc de boire un bon verre de lait.

De l'or dans ton garde-manger

CELA TE SEMBLE SANS DOUTE BANAL DE METTRE DU POIVRE SUR TON PLAT FAVORI. EH BIEN, SACHE QU'AU MOYEN-ÂGE, CETTE ÉPICE, ORIGINAIRE DE L'INDE, VALAIT AUTANT QUE L'OR.

À cette époque, le poivre était si cher qu'on le vendait grain par grain. La richesse d'un individu était définie en fonction de ses réserves personnelles de poivre.

En Orient, les épices sont utilisées depuis des millénaires. On s'en sert pour rehausser le goût des aliments ainsi que pour concocter des remèdes.

Les Européens ont découvert les épices beaucoup plus tardivement, soit au début du Moyen-Âge. Ils en sont vite devenus très friands. Tu te doutes bien qu'à cette époque, les réfrigérateurs n'existaient pas. Les épices avaient alors l'avantage de masquer le mauvais goût de certains aliments périmés.

Afin d'acquérir ces aromates tant convoités, les Européens se sont lancés dans l'exploration de nouveaux territoires. Après tout, c'est bien en voulant se rendre en Inde, à la recherche de trésors et d'épices, que Christophe Colomb a découvert l'Amérique.

Depuis, ces petits grains ont fait du chemin... On les trouve même à l'épicerie du coin.

LASSI

IL FAIT CHAUD ? TU AS UNE PETITE SOIF ?

C'est le moment idéal pour déguster un bon lassi bien frais ! Le lassi est une boisson d'origine indienne faite à base de lait fermenté. Ce délicieux élixir peut être savouré salé ou sucré. Le plus souvent, le lassi est aromatisé avec des épices ou des fruits.

Bien que sa douceur soit parfaite pour calmer le palais pendant ou après un repas indien bien épicé, le lassi se boit le plus souvent en dehors des repas, pour se désaltérer. En Inde, on en trouve à tous les coins de rue.

C'est Delhi-cieux !

Prépare de bons lassis à l'indienne

Lassi salé (pour 2 convives)
- 250 ml (1 tasse) de yogourt
- 125 ml (1/2 tasse) d'eau fraîche
- 1 pincée de sel
- 2,5 ml (1/2 c. à thé) de cumin moulu
- Quelques feuilles de coriandre
- Quelques glaçons
- Pailles

1 Verse le yogourt et l'eau dans un pichet.

2 Ajoute le sel et le cumin.

3 Mélange le tout avec une cuillère de bois.

4 Laisse refroidir ton lassi pendant une heure, au réfrigérateur.

5 Au moment de servir, ajoute quelques glaçons, enfonce une paille et dépose quelques feuilles de coriandre sur le breuvage de chacun de tes invités.

Lassi à la banane (pour 2 convives)

- 250 ml (1 tasse) de yogourt
- 125 ml (1/2 tasse) d'eau fraîche
- 2 bananes
- 30 ml (2 c. à soupe) de sucre
- 1 ml (1/4 c. à thé) de cardamome moulue
- Quelques glaçons
- Quelques feuilles de menthe
- Pailles

1 Épluche les bananes et coupe-les en rondelles.

2 Dépose les bananes dans un mélangeur et réduis-les en purée.

3 Ajoute le yogourt, l'eau, le sucre et la cardamome, puis brasse encore jusqu'à ce que le mélange soit mousseux et onctueux.

4 Verse le lassi dans un pichet et laisse-le refroidir pendant une heure au réfrigérateur.

5 Au moment de servir, ajoute quelques glaçons, enfonce une paille et dépose quelques feuilles de menthe sur le breuvage de chacun de tes invités.

Lassi à la mangue (pour 2 convives)

- Les mêmes ingrédients que le lassi à la banane.
  Remplace les 2 bananes par 1 mangue bien mûre.

1 Épluche la mangue et coupe-la en morceaux.

2 Dépose les morceaux dans le mélangeur
et réduis-les en purée.

3 Répète les étapes 3, 4 et 5 du lassi à la banane.

C'est doux, c'est simple et c'est bon !

La rebelle

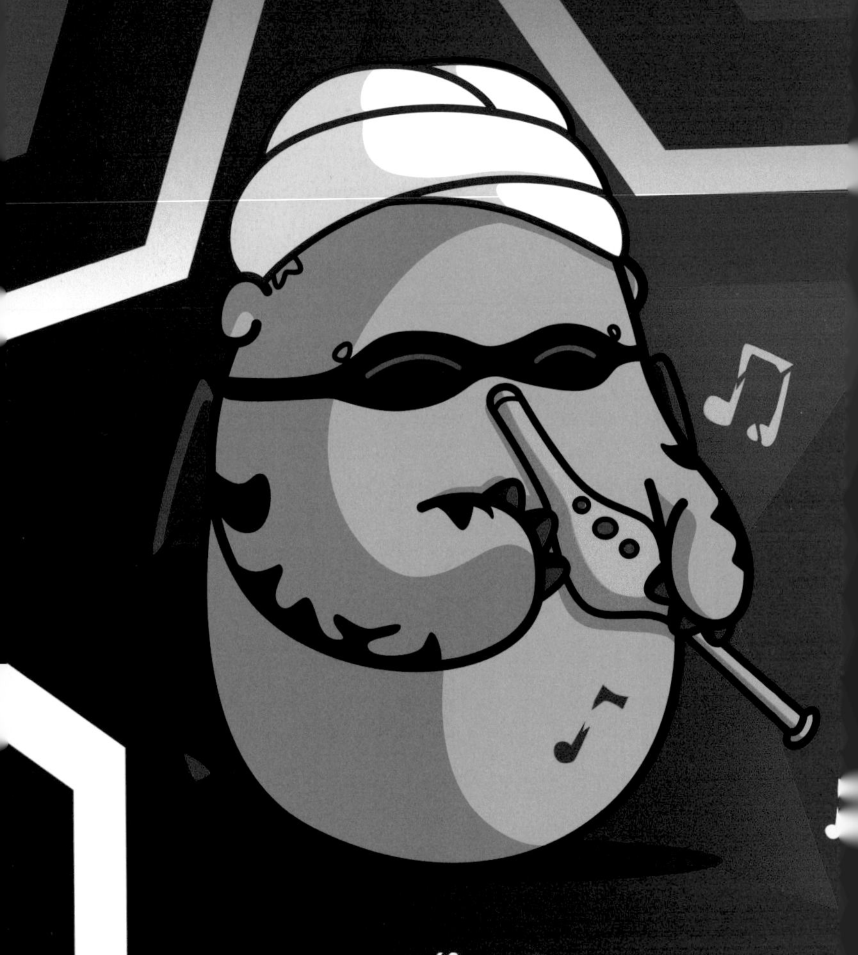

- 69 -

Arrête tes simagrées !

À NEW DELHI, LES DRAGOUILLES ONT DE LA COMPÉTITION ! EN EFFET, ELLES NE SONT PAS LES SEULES À FAIRE DES SINGERIES SUR LES TOITS DE LA VILLE.

Les singes ont envahi les grandes villes indiennes et New Delhi n'y échappe pas. La déforestation massive des terres avoisinantes pour faire place à cette grande ville a privé ces primates de leur habitat naturel.

Pris au piège, des macaques rhésus ont élu domicile en ville. À première vue, cela peut sembler génial de pouvoir cohabiter avec ces animaux. L'ennui est qu'ils sont devenus très nombreux et qu'ils sont affamés. Cela les rend agressifs et il leur arrive parfois de mordre. Pour trouver de la nourriture, ils n'hésitent pas à pénétrer dans les maisons et à envahir les lieux publics.

Ces singes ne sont donc plus les bienvenus à New Delhi. Les autorités municipales ont entrepris une véritable chasse aux macaques. Des langurs, de grands primates à longue queue, ont été dressés dans le but d'effrayer ces petites canailles et de faciliter leur capture. Le résultat de cette intervention a été décevant.

Ça me permet de faire des singeries sans me faire remarquer !

Il faut dire que les solutions ne sont pas simples, car les macaques ne peuvent plus vivre dans la jungle. Ils ne savent plus comment chercher de la nourriture et survivre par eux-mêmes. De plus, certains habitants de la ville persistent à les nourrir, car pour les hindous, cet animal est sacré. Ils voient en lui une incarnation du dieu-singe Hanuman.

On dit qu'il y aurait tout de même moins de singes qu'auparavant à New Delhi. Ce que les habitants de la ville ne savent pas, c'est que cette situation laissera plus de place aux dragouilles.

Entre macaques et patates, la tranquillité n'est pas pour demain !

Attrape-touristes

TU AS SANS DOUTE DÉJÀ ENTENDU PARLER DES CHARMEURS DE SERPENTS, QUI FONT DANSER CES REPTILES AU SON DE LEUR FLÛTE.

Mais, ne trouves-tu pas qu'il y a un problème dans l'énoncé? N'y a-t-il pas un serpent à sonnette qui te sonne une cloche? Eh oui, tu as raison. Ces reptiles n'ont pas d'oreilles. Ils sont sourds comme des pots!

Les Indiens, eux, le savent bien. Seuls les touristes se font berner par l'étonnant spectacle des présumées danses de serpents. Quel truc les charmeurs cachent-ils alors dans leur panier? Magie ou supercherie? À toi de juger.

Les reptiles qui se dressent devant le charmant musicien sont les cobras indiens, plus communément appelés les serpents à lunettes. Ceux-ci n'oscillent pas au son de la musique. Ils suivent plutôt les mouvements exécutés par le joueur de flûte. Celui-ci obtiendrait donc le même résultat les mains vides.

Si les cobras se dressent et déploient leur magnifique coiffe, c'est qu'ils se sentent menacés. Les charmeurs exploitent ce réflexe de défense naturel pour faire croire que les serpents dansent.

Afin de les rendre inoffensifs, leurs crocs sont souvent arrachés et leur glande à venin est percée. C'est la raison pour laquelle, depuis la fin des années 1990, cette activité est jugée cruelle envers les serpents et interdite en Inde. À New Delhi, les charmeurs de serpents peuvent continuer à présenter leurs spectacles, mais seulement à certaines conditions. Ils doivent enregistrer leur animal en lui faisant installer une puce électronique. Le but est de les répertorier pour ainsi mieux les protéger.

Espérons que ces mesures rendront cette activité un peu plus charmante !

AU REVOIR

Tourner à gauche, tourner à droite et lever la patte. C'est dans une ambiance festive, digne d'une finale d'un film bollywoodien, que les dragouilles remuent leur popotin pour vous saluer.

En attendant le prochain rendez-vous, n'oubliez pas de lever les yeux vers le ciel de temps en temps. On ne sait jamais qui pourrait être en train de vous observer !

GLOSSAIRE

Clou de girofle : épice.

Fakir : personne qui exécute en public différents tours comme l'hypnose et l'insensibilité à la douleur.

Jai ho : titre de la chanson thème du film d'inspiration bollywoodienne *Slumdog Millionnaire*.

Léviter : être soulevé du sol sans aucun appui naturel.

Maharaja : prince hindou.

Sanskrit : ancienne langue indienne.

LES

DRAGOUILLES

LES CRITIQUES SONT UNANIMES...

« ENVOÛTANT ! »
- VICTOR, UN CHARMEUR DE SERPENT

« VACHEMENT BON ! »
- UNE SACRÉE VACHE

« GRANDIOSE ! »
- SAMUEL, UN MAHARAJA

«UN TOME AVEC BEAUCOUP DE PIQUANT ! »
- RAPHAËL, FAKIR À LA RETRAITE

«UN TOME QUI MÉRITE D'ÊTRE ENCENSÉ. »
- CHARLES, UN VENDEUR D'ENCENS

Viens nous voir en ligne !

BLOGUE, JEUX, IMAGES À COLORIER, FONDS D'ÉCRAN, AVATARS, ETC.

LESDRAGOUILLES.COM

LES ORIGINES

MONTRÉAL

PARIS

TOKYO

DAKAR

SYDNEY

NEW YORK

BARCELONE

NEW DELHI

TUNIS

Catalogage avant publication de Bibliothèque et Archives
nationales du Québec et Bibliothèque et Archives Canada

Cyr, Maxim

    Les dragouilles

    Sommaire: 9. Les rouges de New Delhi.
    Pour enfants de 7 ans et plus.

    ISBN 978-2-89435-560-2 (v. 9)

    I. Gottot, Karine. II. Titre. III. Titre: Les rouges de New Delhi.

PS8605.Y72D72 2010   jC843'.6   C2009-942530-0
PS9605.Y72D72 2010

Le Conseil des Arts du Canada
The Canada Council for the Arts

SODEC
Québec

Patrimoine
canadien

Canadian
Heritage

La publication de cet ouvrage a été réalisée grâce au soutien
financier du Conseil des Arts du Canada et de la SODEC.
De plus, les Éditions Michel Quintin reconnaissent l'aide
financière du gouvernement du Canada par l'entremise du
Fonds du livre du Canada pour leurs activités d'édition.

Gouvernement du Québec – Programme de crédit d'impôt
pour l'édition de livres – Gestion SODEC

ISBN 978-2-89435-560-2

Dépôt légal – Bibliothèque et Archives nationales du Québec, 2012
Dépôt légal – Bibliothèque et Archives Canada, 2012

Éditions Michel Quintin
4770, rue Foster, Waterloo (Québec)
Canada J0E 2N0
Tél.:   450 539-3774
Téléc.: 450 539-4905
editionsmichelquintin.ca

1 4 - W K T - 3

Imprimé en Chine